Marko Hein

Vincent Hein

.

blut | band

blut | band

Gedicht und Illustration

von Vater und Sohn

Marko Hein

Vincent Hein

Bibliografische Information der Deutschen
Nationalbibliothek:
Die Deutsche Nationalbibliothek verzeichnet diese
Publikation in der Deutschen Nationalbibliografie; detaillierte
bibliografische Daten sind im Internet über
http://dnb.dnb.de abrufbar.

Herstellung und Verlag: BoD – Books on Demand,
Norderstedt

ISBN: 978-3-7583-0318-0

Vorwort

Alle Menschen tragen eine dunkle Seite in sich. Der eine mehr, der andere weniger. Und jeder hat einen anderen Zugang zu seinem schattigen Teil der Seele. Wenn man jedoch diese Seite in sich bewusst erklingen lässt, schwingen unaufhaltsam auch im Äußeren Themen mit, die dieser Frequenz entsprechen. Daher hat sich der Hang zur Melancholie und dem Düsteren bei mir sehr früh in der Wahl von Bücher, Filmen - und vor allem in der Musik - niedergeschlagen. Gerade die Welt der Klänge war immer ein Fluchtort und eine Quelle der Inspiration. Schon als Kind war mir bewusst, dass Musik eine Sprache ist, die zu erlernen es sich lohnt. Bis zum heutigen Tag genieße ich die Momente, eigene Lieder und Texte zu erschaffen, die immer auch ein Tor zur verborgenen Seite der Seele waren.

Bei meinem Sohn Vincent verhielt es sich anders. Als zweites von vier Kinder war Vincent von jeher introvertiert, sensibel und empfindsam. Seine natürliche Zurückgezogenheit nahm im Alter von 13 Jahren die Überhand und es fiel ihm zunehmend schwer, den Alltag zu meistern. Am Ende war es ihm kaum noch möglich, aus dem Bett aufzustehen.

Diagnose Depression.

Hier begann eine lange Reise und eine Odyssee, die für alle belastend war. Für uns als Eltern, für die Familie, für Freunde, aber in erster Linie für ihn selbst. Es folgten zahlreiche Therapien und Anstrengungen, der Depression Herr zu werden. Zu dieser Zeit begann Vincent auch, intensiver zu zeichnen. Dieses Talent zeigte sich schon früh, aber während dieser trüben Phasen sind viele Illustrationen dieses Buches entstanden. Seine Werke haben mich immer berührt und beeindruckt, da sie rätselhafte Geschichten erzählen. Mittlerweile ist Vincent ein junger Mann, der seinen *dunklen Hund* straff an Leine halten kann, obwohl dieser oft zerrt und zieht, oder so laut bellt, dass Nahestehende ihn schwer ignorieren können.

Der Start zu diesem Projekt war ein längerer Reifeprozess. Der Wunsch ein Buch zu schreiben schwelte schon viele Jahre. Anfang 2023 wurde die Idee konkreter und auch die Einsicht, dass es Gedichte sein sollen. Der Schreibprozess ähnelt zumindest im Ansatz dem von Songtexten. Auf einer Urlaubsreise begann der Versuch, erst ohne Hoffnung auf Erfolg. Doch dann flossen die Texte ganz natürlich, und der Prozess des Schreibens war erfüllend und spannend wie das Komponieren. Schon nach den ersten Seiten war klar, welcher roter – oder eher dunkler – Faden sich durch die Gedichte zieht. Viele davon sind makaber, ironisch, dunkel, frivol, dreist, frech oder aber einfach nur nachdenklich. Manche sinnvoll, manche sinnlos – aber immer auf der Suche nach einem Sinn, einige verloren im Unsinn.

Während des Schreibens musste ich unweigerlich an die Illustrationen von Vincent denken. Noch während des Urlaubs schrieb ich ihm, ob er sich ein gemeinsames Buch vorstellen könne – ein Projekt von Vater und Sohn. Er war sofort einverstanden und der Rest der Geschichte manifestiert sich auf den kommenden Seiten.

Zu den Illustrationen sei erwähnt, dass diese nicht dediziert für die Gedichte gezeichnet wurden. Viele davon sind einige Jahre alt und oftmals während einer Therapie oder einer dunklen Phase entstanden. Sie haben daher keinen direkten Bezug zu den Inhalten, fügen sich jedoch oft in erstaunlicher Weise in die Stimmung der Erzählungen ein. Wir haben uns bewusst dazu entschieden, Illustrationen nicht zu ergänzen, verbessern und im Nachgang zu verändern. Viele davon sind unfertig, einige lediglich Skizzen, die wenigstens komplett ausgearbeitet. Aber genau darin liegt der Charme – im Mangel an Perfektion, Schönheit, Reinheit oder Fertigstellung. Denn dies ist das Symbol unserer Innenwelt. Aus diesem Grund wurde auch auf ein Lektorat des Buchs verzichtet. Alles entspricht der mangelnden Perfektion, die uns umgibt. Alles ist so gut, wie wir es als Menschen vermögen.

Daher leben wir bewusst mit dem Risiko der Unzulänglichkeit. Es möge uns verziehen sein, dass wir in unserem Erstlingswerk nicht Professionalität in den Vordergrund stellen, sondern lediglich einen Spalt der Tür zu unserem Inneren öffnen – wie es sich für uns noch gut anfühlt.

Etwas selbst Erschaffenes zu veröffentlichen, hat dabei den größten Reiz. Es ist weder kommerzieller noch künstlerischer Erfolg, der uns antreibt. Jedoch ist es berührend, etwas Bleibendes der Welt zu hinterlassen, vielleicht für unsere Kinder oder Enkelkinder. Dies trägt den Klang des Ewigen in sich.

Ein Buch zusammen mit meinem Sohn zu veröffentlichen, ist etwas sehr Besonderes und Verbindendes. Denn es festigt das Band, das uns beide vereint – zu einem gemeinsamen Werk, das wir der Welt hinterlassen. Auch wenn es die Welt nicht braucht - wir haben es gesucht und es hat uns gefunden.

Marko Hein

September 2023

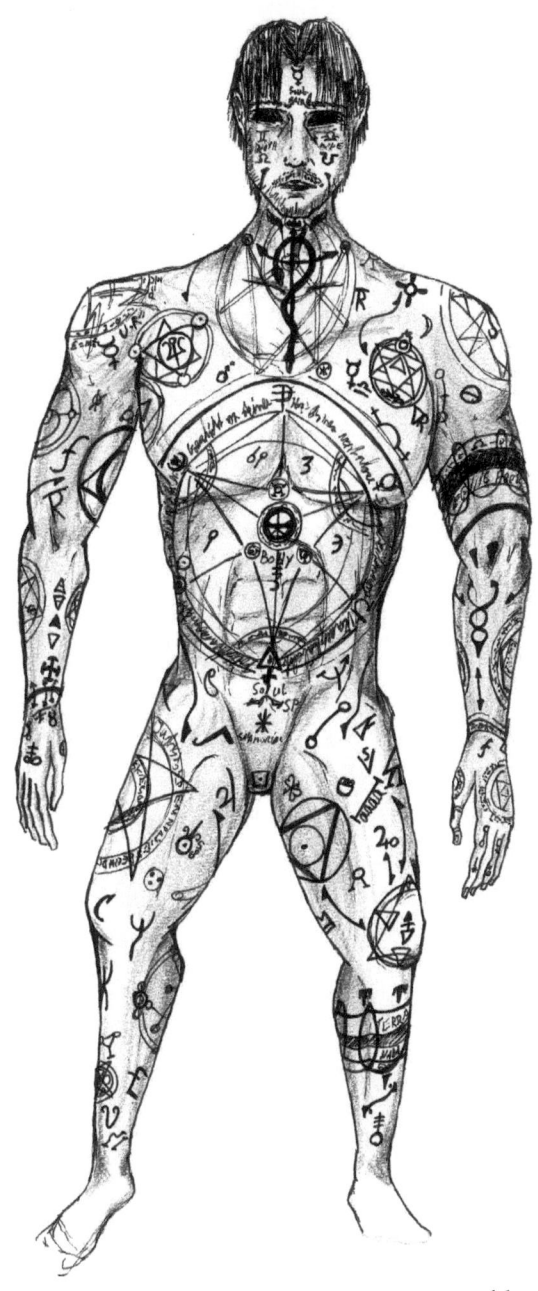

Die Reise

Wir sind offen, wir sind ehrlich
Kurzgeschichten sind gefährlich
Können Dich mit Wort verirren
Führen in verborgene Wirren

So manches nährt das Unbehagen
Der Leser möcht sich nicht beklagen
Hätt vermeiden können doch das Lesen
In Wort und Bild nie Teil gewesen

Düster mancher Text wohl scheint
Auch wenn er sich ganz lieblich reimt
Und nahtlos sich dazugesellten
Die dunklen, wirren Bilderwelten

Kurzgeschichten sind Erfahrung
Bilderwelten ebenso
Sind der Seele reichste Nahrung
Düster, selten lebensfroh

So wollen wir's, so soll es sein
Tritt ins Tor der Seele ein
In unsre Herzen, unsren Geist
Der Gutes oder Nichts verheißt

Nun schöne Reise, liebe Freunde
Den Irrweg Du begehen magst
In unsere Köpfe, unsre Träume
Tritt herein, wenn Du es wagst

Komm jetzt mit
Es kostet Dich nur einen Schritt
Mit ein wenig Mumm
Dreh das Blatt zur nächsten Seite um

Der Fischer

Der Fischer fischt im Fischersboot
Die Kinder leiden Hungersnot
Drum legt er ab mit Tau und Tang
Aufs Meer zu einem Fischesfang

Er hofft auf reichlich fette Beute
Genügend Speis für arme Leute
Er den Kindern fest verspricht
Dass dicker Fisch bald aufgetischt

Er wirft das Netz weit in das Meer
Die Jagd erfolgt ohne Gewähr
Der reiche Fang des Zufalls Gnade
Des Fischers müßige Ballade

Es zuckt die Rute, das Seil gespannt
Es schneidet tief in seine Hand
So riesig mag der Fisch wohl wiegen
Und bald im trocknen Boote liegen

Der Mann verliert das Gleichgewicht
Kopfüber in die feiste Gicht
Der fette Fisch, es war ein Hai
Und riss den Fischer grob entzwei

Die Kinder weiter Hunger leiden
Das tiefe Meer aus Tränen meiden
Gedenk dem Vater an See und Land
Als Fischfutter er den Tod einst fand

Erziehung

Er rennt
Er rennt
Da er die Folgen kennt
Der Schlagstock ist ihm wohl vertraut
Wenn Vater ihn am Leib zerhaut

Die Wange nass
Die Tränen fließen
Die Wut beginnt im Bub zu sprießen
Der Sohn so klein
Der Vater groß
Kein Schutz auf einem sichren Schoß

Die Pubertät flugs übersprungen
Hat sich der Kleine selbst gezwungen
Das Kindsein früh nun abzustreifen
Und mit Verstand selbst zu begreifen
Dass er ich sich alsbald lösen sollte
Des Kindes innere Revolte

Nächtens er den Schlagstock holte
Aus des Erzeugers Kleiderschrank
Mit dem der Vater ihn versohlte
Statt mit fester, eigner Hand

Er schlich in Vaters Ruhekammer
Mit Schlagstock und mit Vorschlaghammer
Er schlug dann sanft
So soll es sein
Mit beiden ihm den Schädel ein

Kinder

Ach so herrlich, ach so fein
Wär es nochmals Kind zu sein
Fröhlich tanzend durch das Leben
Viel zu nehmen, kaum zu geben

Eltern gar so sehr bemüht
Das Kind im Selbstwert aufgeblüht
Wenn Kleine nun im rauhen Leben
Den Takt zuhause barsch angeben

Der Kleine ruft, die Mutter sputet
Vater hat es längst vermutet
Auch wenn er es ganz arg vermisst
Kopf der Familie nicht mehr ist

Es tönt ein Plärren und ein Schreien
Um die Wut laut zu befreien
Wenn der Dickkopf dann und wann
Sein Spielzeug grad nicht finden kann

Tagein, tagaus, an allen Tagen
Man traut es sich erst kaum zu sagen
Des Eltern Wunsch sie wären frei
Von des Kinders Tyrannei

In fernen Zeiten jedoch es anders war
Waren Kinder für die Eltern da
Stets Gehorsam und brav hören
Nie elterliche Gespräche stören

Die Zeiten ändern sich doch leider
Die Eltern gram, die Kinder heiter
Die Klarheit man doch meist vermisst
Wer Großer und wer Kleiner ist

Doch werden Kinder einmal groß
Selbst eigne Kinder auf dem Schoß
Und auf vorgegebne Weisen
Werden Eltern dann zu Greisen

Die Alten reifen nun zum Kind
Selbst ganz hilfsbedürftig sind
Der Fürsorge jetzt selbst bedürfen
Mit Schnabeltass die Suppe schlürfen

Man meint es ist das Rad des Lebens
Des großen Gebens und des Nehmens
Doch kommt es anders als man denkt
Die Liebesmüh geradezu verschenkt

Statt den Alten beizustehen
Die Kinder eigne Wege gehen
Ziehen in ferne, weite Länder
Zerschneiden dann Familienbänder

So ist der Lauf, so stehn die Dinge
Hoch auf das Leben das gelinge
Hoch auf das schöne Elternsein
Der Herzenswunsch, er wird zum Schein

Drum prüfe jeder ganz beflissen
Ohne es genau zu wissen
Wer sich begibt ganz frank und frei
In die Kindersklaverei

Sinne

Lauschen und hören
Klänge betören
Die Welt ist Klang
Ins Kleinohr tief drang

Fühlen und spüren
Sinne verführen
Die Welt ist taktil
Zwei Hände im Spiel

Kauen und Schmecken
Zunge mag Lecken
Die Welt hat Geschmack
Die Knospen auf zack

Riechen und schnaufen
Die Nase darf laufen
Die Welt duftet herrlich
Äthanol ist gefährlich

Vielfalt der Sinne
Halten kurz inne
Die Welt ist erspührbar
Der Mensch stets verführbar

Endlich
Zeitlich
Ewiglich
Sinnlich

Guter Morgen

Guten Morgen
Ruf ich hinaus
In die Welt
Mit lauter Kraft

Doch es verhallt
Im Morgentau
Der trübe Stern
Kein Licht erschafft

Sehn mich nach der dunklen Nacht
Der Schatten stärker als das Licht
Was soll denn außer Trug und Schein
An einem Morgen Gutes sein

Zu schnell

Finaler Takt
Ein letzter Schrei
Das Lied war viel zu schnell vorbei

Das Zugunglück

Mit Ächzen unter öligem Schweiße
Der Kollos krächzt über die Gleise
Der Passagier im rostigen Bauch
So mancher schläft
Manch andrer auch

Wenn die Maschine rödeln muss
Der Insasse schwelgt im Verdruss
Des Alltags müdes Einerlei
Die Welt zieht wie ein Traum vorbei

Der Rhythmus steigt
Die Hoffnung sinkt
Maschinenöl im Tank verschlingt
Nur der Gast ganz ohne Sinn
Gibt sich seicht dem Trübsinn hin

Gut geruht, die Fahrt geht weiter
Der Zug dröhnt stumpf
Der Gast bleibt heiter
Was keiner ahnt und dennoch stimmt
Als der Zug den Berg erklimmt
Dass eine Gleise selten reicht
Und man nicht der Fahrt entweicht
Auf dem eigeschlagnen Ziel
Zwei Züge sind dem Gleis zu viel

Unter Donnern, unter Stöhnen
Der Nacht entfleucht ein lautes Dröhnen
Als die Züge sich vereinen
Ein Liebesspiel ganz unter Seinen

Doch Inzucht niemals schadlos bleibt
Wenn Stahl an Stahl sich grob zerreibt
Ein Lied soll durch die Wolken stechen
Wenn Knochen der lieb Gäste brechen

Das Schreien fügt sich im Sonett
Zum sprudelnd blutig Leichenbett
Der Himmel schwarz, die Erde rot
Der Zug vereint, die Gäste tot

Und die Erkenntnis dieser Reise
Ein Ziel braucht mehr als eine Gleise

In Vino Veritas

In Vino Veritas, so sagt man
Wein und Wahrheit einen sich
Eine gefährliche Liebschaft dann
Die Lüge sündhaft liederlich

Die Rebe stolz der Welt zum Duft
Aus dem Schoß der Erden Frucht
Rankt sich höher in die Luft
Ein Wesen, das die Sonne sucht

Die Rebe gibt mit vollem Fleiß
Und unter Schweiß und Ächzen
Die satten, prallen Trauben preis
Die nach der hellen Sonne lechzen

Ein Magier wohl der Winzer ist
Er transformiert gekonnt die Säfte
Zu einem köstlich, rauschend Wein
Verleiht ihm enorme Heileskräfte

Das zarte, liebliche Gesöff
Gereicht mir hold zum Munde
Erheitert trügliches Gemüt
Zur späten Abendstunde

Die Wahrheit fließt aus mir heraus
Des Büßers letzte Stunde
All die Sünd in rohem Graus
Sprudelt aus dem Munde

Es ruht im Gras
Im feuchten Nass
Der Sinn "In Vino Veritas"

Der Reiter

In seinem Metier sattelfest
Das Pferd der Reiter scheuen lässt
So wild, so ungezähmt der Gaul
Straff sitzt das Geschirr im Maul

Der Ritt beginnt, es spürt die Sporen
Gaul transpiriert aus allen Poren
Der Reiter steigert zum Galopp
Trab mutet an gar zu salopp

Zum Gehorsam wird gezwungen
Die Gerte hart und fest geschwungen
Es zuckt das Tier, es keucht das Fleisch
Pferd und Reiter im Takt zugleich

Auf dem Rücken hoch und nieder
Die Spannung hastet durch die Glieder
Der Reiter glücklich und erschlafft
Den Absprung doch erneut geschafft

In den Stall das Pferd nun geht
Erneut bei anderen Pferden steht
Nicht müde ist des Reiters Schoss
Bereit zu einem neuen Stoß

Da er sich gern mit Mehrzahl brüstet
Nach neuem Ritt ihm nun gelüstet
Der nächste Gaul, der nächste Ritt
Der Reiter kommt nicht aus dem Tritt

Mit neuer Verve er kraftvoll springt
Auf den Rücken und er singt:
„Komm her mein Gaul
Reiß auf Dein Maul
Lass mich auf Deinen Rücken steigen
Wir tanzen nun den Liebesreigen"

So ging es wohl die ganze Nacht
Im schwingenden Galopp verbracht
Er hastet jäh von Pferd zu Pferd
der Ausritt stets erneut beschert

Kennt kein Erbarmen, keine Gnad
Bis der Mond zur Ruh abtrat
Und zum hellen Morgenschein
Fing er sich die Krankheit ein

Ärztlich wird ihm angetragen
Die Ritte nun ab zu vertagen
Gefahr ist in Verzug alsdann
Die Peitsche er nicht nutzen kann

Leichtigkeit

Leichtigkeit ist eine Zier
Die Schwere ankert mich im Hier
Hier und Jetzt
Im Sein zerfetzt
Ich möcht es nicht ertragen

Leichtigkeit ist eine Tugend
Prädikat der neuen Jugend
Jung und Alt
Der Leib so kalt
Zur Bare steif getragen

Wir schlüpfen in ein Sommerkleid
Des Lebens leichte Leichtigkeit
Verdrängt in uns die dumpfe Leere
Erlöst das Schwergewicht der Schwere

So leicht, wenn leicht
So schwer, wenn schwer
Es liegt an uns
Wohin, woher

Ein Hoch auf die vertraute Zeit
Der Schwerpunkt trotzt der Leichtigkeit

Fisch und Fleisch

Nicht Fisch, nicht Fleisch
Nicht arm, nicht reich

Reich an Fisch
Arm an Fleisch

Fisch stinkt
Fleisch versinkt

Mag kein Fisch
Ist widerlich

Fleisch ist fein
Doch Deines muss es sein

Tiefes Wasser

Ein Mensch im tiefen Wasser
Die Haut so fahl und fad
Die Äuglein immer nasser
An das Ufer trat

Er lag seit vielen Tagen
In der trüben Sud
Er trat einst sehr lebendig
Ans Wasser voller Wut

Sehr müde seines Lebens
In Pein und in Verdruss
Reifte die Entscheidung
Ein selbst gewählter Schluss

Die Pillen ihm zu giftig
Das Messer ihm zu scharf
Ein Stein beschwert den Körper
Den er ins Wasser warf

Ganz langsam sank er nieder
Bis auf des Sees Grund
Es zuckten kurz die Glieder
Das Wasser schwoll im Mund

Vor dem letzten Atem
Der Zweifel kroch empor
Zu früh fiel die Entscheidung
Die Sinne er verlor

Die Lungen press mit Wasser
Kein Sauerstoff in Sicht
Die Lungenbläschen nasser
Doch atmen konnt er nicht

Nun ist er längst erkaltet
Vollzug aus eigner Hand
Am Ufer west die Leiche
Wo einst er atmend stand

Das Licht

Das Leben fließt mir aus dem Leib
Der Geist kann es schwer fassen
Es mag gekommen sein die Zeit
Bald völlig loszulassen

Mein Auge sieht so unverhofft
Ein gleißend weißes Licht
Es zieht mich wie hypnotisch an
Und scheint mir ins Gesicht

Gott ergeben und bereit
Das Leben hier nun endet
War doch nur das Toilettenlicht
Das hell beim Scheißen blendet

Der Schein

Trug scheint, Schein trügt
Liebe macht, Macht liebt

Der Schein trügt in der Nacht
Wenn Liebe erst zur Macht erwacht

Taubheit

Das Ohr, es will nicht richtig hören
Stumpfe Töne, tauber Klang
Möcht mein Wohlbefinden stören
Ein Dröhnen nur statt Wohlgesang

Stets ein Rauschen in der Muschel
Der klare Ton verfehlt das Ziel
Lausch dem murmelnden Getuschel
Der Worte gab es stets zu viel

Der Vater rief in jungen Jahren
Kannst Du nicht hören, lieber Sohn
Jetzt muss ich es wohl selbst erfahren
Des hart verdienten, derben Hohn

Ich kann nicht hören, kann nicht lauschen
Kein klares Wort dringt in mein Ohr
Der dumpfe Ton erschwillt zum Rauschen
Reift unverhofft zum Ohnmachtschor

Die Macht der Sinne unbescholten
Das Riechen und der Augenschein
Mit Euch hab ich's mir nie vergolten
Das Lauschen nun vergangen sein

Die Redewendung weiß es sicher
Das Symptom die Wahrheit spricht
Du kannst nicht hören, so die Kunde
Der Ton zur Ruh im Ohr zerbricht

Frühchen

So klein, so zierlich, reinen Herzens
liegt es in der Wärme still
Aus dem Uterus entflohen
Im Brutkasten nun schlafen will

Ganz verkabelt hängt das Kleine
An Maschinen ach so kalt
Geben Takt an, und das Piepsen
In den Fluren stumm verhallt

Bist erst Mamas Schoß entflohen
In die große, fremde Welt
Wärst doch etwas noch geblieben
Im Leib der Dich am Leben hält

Doch brachte Mutter in den Wehen
Schmerzen sie um den Verstand
Rang tapfer bis zum letzten Atem
Bis sie aus der Welt entschwand

Nun liegst Du einsam hier im Lichte
Niemand da, der Dich umsorgt
Keine Brust die Wärme spendet
Durch Technik nur die Zeit geborgt

Es ist wohl her knapp 20 Jahre
Gereift zu einem großen Mann
Vergangen sind die dunklen Tage
Der Blick zurück nur dann und wann

Gedenkst der Mutter, die gegeben
Leben ohne Eigennutz
Suchst im Schoße Deiner Liebsten
Den lang ersehnten, warmen Schutz

Dass ich Dich lieb
Stets in mir trag
Gedenk ich Dir am Muttertag

Viel zu früh

Der Mond

Fahl leuchtet er in tiefen Nächten
Weist Tier und Mensch den rechten Weg
Sein Licht scheint silbern auf die Felder
Erhellt am See den hölzernen Steg

Doch der Mond hat keine Seele
Leuchtet nicht aus eigener Kraft
Verborgen in dem tiefen Alle
Das Licht der Sonne ihn erschafft

Manchmal zeigt er seine Schönheit
In voller, runder, heller Pracht
Doch oft ist nur ein Teil zu sehen
So die Sonne ihn als Teil erschafft

Hier nimmt er ab, dort nimmt er zu
Ändert Stellung des Gewichtes
Nicht wirklich doch, der Schein er trügt
Im Schein des fernen, fremden Lichtes

So ist es unten wie auch oben
Analog des großen Seins
Wie Hermes Trismegistos wusste
Des Kleinen ist des Großen Schein

Manch Mensch ist ähnlich des Gesagten
Und lebt von einem anderen Licht
Angewiesen auf Erleuchter
Denn selber scheinen vermag er nicht

Drum prüfe nun wohin Du strebest
Bist Du Sonne oder Mond
Und wenn Du Sonnenkraft gerne gäbest
Schau, ob ein Erleuchter in Dir wohnt

Gestaltwandler

Manchmal denk ich wie es wäre
Du zu sein
Mich in Deinen Kopf versetzen
Nur zum Schein

Wir tauschen die Gestalt
Ich wieder jung
Und Du nun alt

Manchmal denk ich wie es wäre
Nicht ich zu sein
In eine fremde Rolle schlüpfen
Wenn auch nur zum Schein

Wir tauschen unser Leben
Dem Trübsal ergeben
Um ins Glück zu streben

Dann halt ich kurz inne
Erkenntnis im Sinne
Es ist doch recht gut
Das ich bin wie ich bin

Ob Jüngling oder alt,
Möcht nichts andres sein
Als meine Gestalt

Kalter Leib

Dein kalter Leib so steif
Die Äpfel unterm Tuch ganz reif

Ich halt Dich warm
Und Du hältst still
Dich nie mehr innig fühlen will

Ich deck Dich auf
Es tut mir weh
Das Namensschild an Deinem Zeh

Die Peitsche

Die Peitsche zischt
Das Blut verwischt
Die rostbraune Mähne
Wird zur blutroten Strähne

Der Gaul scheut die Qual
Der Reiter brutal
Wirft ihn vom Rücken
Der Kopf platzt in Stücken

Das Pferd schnaubt leise
Der Reiter wird nach lauem Frost
Zur Würmerspeise

Trübsinn

Das Leben darbt so vor sich hin
Durch trüben Tag
Der trübe Sinn
Betrübt im Sinne will ich sein
Tauch in das trübe Wasser ein

Dort verschwend ich die Minuten
Die zu Stunden sich verbinden
Aus Stund wird Tag
Aus Tag wird Jahr
Jahrzehnte einfach so verschwinden

Es fliegt die Zeit, war nie bereit
Mit mir war selten froh zu spaßen
Ich gleite dahin und möcht anstatt
Das ganze Leben Trübsal blasen

Aus Versehen

Aus Versehen ohne Verstand
Und in meiner eignen Weise
Halt ich Dich mit fester Hand
In fixer Spur auf unserer Reise

Mein Wort erklingt mit viel Gewicht
Sanft in Deinen wachen Ohren
Streichle zärtlich das Gesicht
Der Sinn des Wortes ward verloren

Du folgst mir brav so wie ein Schäfchen
Dein Hirte möcht ich immer sein
Ich bette Dich zu einem Schläfchen
Schlaf still auf meiner Brust nun ein

Vertrau mir ohne Hinterfragen
Folg mir in ein fremdes Land
Die Unwucht ist schwer zu ertragen
An meiner Seit mit klammer Hand

Und wenn durchs Dickicht wir stets jagen
Kannst Du noch immer zu mir stehn
Auch wenn die Zweifel in Dir nagen
Ein Liebesschwur
Ganz aus Versehen

Feste

Neulich lief mir auf dem Wege
Voller Eil und großer Hast
Eine wohlgenährte Frau entgegen
Fiel hilflos über einen Ast

Da dacht ich an den alten Spruch
Und lies zur Feier Korken knallen
Denn man soll doch Feste feiern
Wie sie fallen

Der Stierkampf

Mit stolzem Blick und festem Nacken
Den Stier bei seinen Hörnern packen
Erstrebt der stolze Matadore
Ein Siegesplatz auf der Empore

Die Menge tobt, die Meute wütet
Seit Stunden in der Sonne brütet
Gespannt des Trubels Hochgenuss
Das arme Tier bald sterben muss

So will's die Menge, so der Brauch
Die Sonne glüht, die Herzen auch
Ein buntes, frohes Volkesfest
Wenn sich der Stier denn meucheln lässt

Mit so viel Mut, der Matador
Flüstert leis dem Stier ins Ohr:
"Dein letztes Stündlein Dir geschlagen
Dich muss ich in den Tod nun jagen"

Der Stier erfühlt und ahnt es schon
Mit animalischer Intuition
Dass nun die Zeit gekommen scheint
Wenn Tod und Leben sich vereint

Der Matador beginnt zu reizen
Das rote Tuch zum Zelt zu spreizen
Um das Tier nun zu entflammen
Den Dolch danach ins Fleisch zu rammen

Aug in Aug, ungleiches Paar
Wiederholt sich Jahr um Jahr
Das immer gleiche Blutesfest
Ein Gegner dann sein Leben lässt

Ein Stoß nach vorn, es blitzt das Horn
Der Stier schnellt unverhofft nach vorn
Entreißt dem flinken Stierbezwinger
Das Tuch und Dolch aus Hand und Finger

Ganz mittellos nun blickt der Recke
Bass erstaunt zur Wolkendecke
Stößt ein Gebet zum Gott dem Großen
Wie soll er ohne Dolch nun stoßen

Das Tier erkennt die Gunst der Stunde
Speichel tropft aus offnem Munde
Auf dem trocknen Kampfessand
Steht Matador mit leerer Hand

Ein Satz nach vorn mit starkem Nacken
Der Stier lässt sich am Horn nicht packen
Zum Verdruss der Volkesheld
Überdies nach vorne fällt

Der Mann jetzt nun am Boden liegend
Das Horn sich sanft dem Darm
umschmiegend
Als sie in den Bauch gedrungen
Die Eingeweiden fest umschlungen

Das Blut strömt aus der Leibesmitte
Der Stier erneut setzt an zum Ritte
Lässt die Hufen kurz erqualmen
Des Gegners Kopf grob zu zermalmen

Die Menge schweigt in Todesruh
Ein mancher kneift die Augen zu
Ganz unerwartet das Geschehn
Dies Ende niemand hat kommen sehn

Der Leichensack voll roter Farbe
Begleitet Held nun bis zum Grabe
Muss die Familie Tod erleiden
Ihn weinend bis zum Grab begleiten

Der Stier gebunden an ein Seil
Kein Lohn zum Sieg wird ihm zuteil
Das Schicksal durch des Volkes Hände
Ein Schlachthaus
Das finale Ende

Der Parasit

Der dunkle Schatten, ein alter Freund
Ward stets ein Teil von meiner Welt
Schwer zu berechnen ist sein Wesen
Er kommt und geht wie's ihm gefällt

Du kamst so früh, unangekündigt
Überfielst mich jäh im Schlaf
Hieltest Einzug kurz und bündig
Als ich Dich als erstes traf

Du fesselst mich, Du bandest mich
An eine schwere Kette
Ich wollte nicht, ich konnte nicht
Entsteigen aus dem Bette

Das Herz so leer, der Körper schwer
Wie Blei im Saum versunken
Der Tag verging, ein weitres mal
Zum Abschied hold gewunken

So floss die Zeit, tagein tagaus
An meinem Geist vorüber
Der Tag so hell, die Welt so klar
Gedanken stetig trüber

Der Bund nun bald zig Jahre alt
Gepaart in tiefer Treue
Du klammerst Dich so fest an mich
Bereit nun für das Neue

Begleite mich bis in den Tod
Noch lange nicht in Sicht
Ich gönn es mir und freue mich
und lach Dir ins Gesicht

Deine Treue, jeder sieht
Du bist mein Freund, der Parasit

Das Häschen

Max oft am Tage einsam war
Nie einen Freund gefunden
Saß in seinem Zimmer gram
Oftmals viele Stunden

Oma war des Trauerns leid
Entnahm den letzten Schein
Aus ihrer knappen Haushaltsbörse
Und kauft ein Häschen klein

Ganz froh der Max, aus Glück er gluckst
Der Tag erfüllt mit Spaß
Ein guter Freund, ein Kamerad
Ein süßer, kleiner Has

Die Freud verblasst, schon bald das Tier
Es nervt seit vielen Stunden
Die Schlachtung soll Max' Lösung sein
Lässt sich das Häschen munden

Mein guter Freund, Du warst mir treu
Dein Herzlein zart und fein
Du darfst nun ruhn, bist nah bei mir
In meinem Bäuchelein

Die Nacht

In tiefer Dunkelheit verbunden
Der Schatten thront unter dem Tor
Der letzte Schein ward grad verschwunden
Der Mond lugt aus dem Meer empor

So verwandelt ist die Heimat
Hat sich in ein Kleid gehüllt
Düstre Schatten durchziehen Landschaft
In Dunkelheit den Raum befüllt

Stille dröhnet durch die Ohren
Laute hallen durch den Wald
Stumme Schreie die durchbohren
In Ruhe durch die Bäume schallt

Schlaf umfängt die lieben Kinder
Weich in Federn wohl gebettet
In die Traumwelt abgeglitten
In ein fernes Land gerettet

Hingegeben in die Ohnmacht
Träume ziehen rasch vorbei
Dass der Schlaf deshalb, so sagt man
Des Todes kleiner Bruder sei

Nacht um Nacht der gleiche Reigen
Die Welt ruht still, so still sie ruht
Lautlos spielen Chor und Geigen
Die Melodie der Dunkelflut

Wenn sich Strahlen dann erregen
Der Morgen in die Lichtung traf
Welt beginnt sich zu bewegen
Weckt Kinder aus dem tiefen Schlaf

Einst die Hoffnung sich verwehret
Manchmal trügt der bloße Schein
So oft die Nacht dann wiederkehret
Doch eine wird die letzte sein

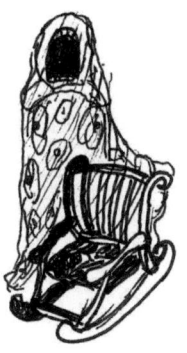

Müßiggang

Träge, Träge, Träge
Der Tag sich so bewegt
In seichten Wellen rauschend
Wie Sand im Wind verweht

Träge, Träge, Träge
Zeit bleibt ein hohes Gut
Trotz Zeiger die sich regen
Die Uhr zur Stunde ruht

Träge, Träge, Träge
Ganz sanft von Schlaf entführt
Die Dämmerung der Sinne
Uns wohlig angerührt

Träge, Träge, Träge
Sanftmut wird zur Tat
Kein Sollen und kein Wollen
Ein Ziel bleibt uns erspart

Die Trägheit siegt
Die Zeit verfliegt
Der Rausch sodann
Klingt irgendwann
Ganz leise ab
Uns sanft umschmiegt

Wir singen laut
Den Hochgesang
Dem ach so süßen Müßiggang

Vorbei

Das Gestern längst vorbei
Das Heute ist mir einerlei

Doch bald kommt der Morgen
Bleibt heute verborgen
Das Morgen einmal Gestern sei

Der Tiger

Der Tiger tigert wild umher
Im Tigerkäfig kreuz und quer
Von der Wildnis weggezerrt
Im engen Käfig eingesperrt

Besucher sind gar schier entzückt
Die Kinderlein tanzen beglückt
Um den Käfig wild umher
Dem Tiger fällt sein Dasein schwer

Nur der Wärter der Zookassen
Gerade von der Frau verlassen
Fühlte Mitleid mit dem Tier
Und nach fünfzehn Flaschen Bier
Warf er sich dem Tier zum Fraß
Mit Haut und Haaren er ihn aß

Nun wissen Zoobesucher
Groß und klein
Einsame Herzen schmecken fein

Sommerregen

Tick Tock
Tick Tock
Zeit verrinnt
Sekundentakt

Tick Tock
Tick Tock
Du und ich im
Ehepakt

Kennen uns schon lange
Kennen uns genau
Seit unendlichen Jahren
Sind wir Mann und Frau

Ich sage was ich meine
Und meine wie ich's sag
Halten kurz die Zeit an
An unserem Hochzeitstag

Kauf keine bunten Blumen
Blühn besser auf dem Feld
Kein Strauß wird auf dem Esstisch
Zwischen uns gestellt

Nicht hundert rote Rosen
Uns selber viel genug
Verwelken nur am Tische
Die Zeit verweht im Flug

Wir planen noch die Jahre
Kein Ende ist in Sicht
Blumenkranz Im Haare
Verwelken wolln wir nicht

Tick Tock
Tick Tock
Jahre verwehen
Zusammenstehen

Tick Tock
Tick Tock
Dem Ende entgegen
Im warmen Sommerregen

Kain und Abel

Möchte nicht dazugehören
Gern den leisen Frieden stören
Vom inneren Kreis
Nichts sinnvolles weiß
Unterwelt statt Engelschören

Wollte gern die Sünde sein
Bin der Abel und der Kain
Ich mag des Adams Apfel nicht
Noch Evas liebliches Gesicht
Schlage lieber Schädel ein

Ich bin die Schlange
Halt nie hin die Wange
Das Kalb grob zerrissen
In den Apfel gebissen
Zum Lob mit himmlischem Klange

Ich bin das Alpha und das Omega
Gleich Perseus und Andromeda
Licht und Schatten vereint
Blut und Tränen geweint
Im Leib des Propheten Hosea

Vater im Himmel
Vergib mir die Sünden
So auch ich vergebe Dir

Amen

Seekrank

Mir ist schon recht schlecht
Vom Wellengang
Gebeutelt von
Unbändigem Würgezwang

Es dreht sich der Kopf
Es stülpt sich der Magen
Muss leider über
Übelkeit klagen

Ich möcht entfliehen aus der Qual
Doch hab ich leider keine Wahl
Eine andere Option gerne hätt
Statt Liebe auf dem Wasserbett

Der Wunsch

Ich wünsch mir was
Brauch dies und das
Und wünsch mir sehr
Meist immer mehr

Ich wünsch mir Glück
Und ganz viel Geld
Ich wünscht ich wär
Der König der Welt

Ich wünsch mir Macht
Herr jeder Schlacht
Ein starker Mann
Der alles kann

Ich wünsch mir Liebe ohne Ende
Brodelnde Flammen in der Lende
Ein Körper der den Atem stockt
Der Frauen in die Arme lockt

Doch wenn ich wirklich in mich gehe
Und in mein eigen Herze sehe
Dann wünsch ich mir mehr Zeit mit mir
Eine Nacht vor dem Klavier

Triebe

Ich lebe
Ich liebe
Ein Leben ohne Triebe
Den Drang verdrängt
Den Hang verhängt
Die Leidenschaft der Liebe

Ein Siegel der Treue
Ein Leben ohne Reue
Das Leiden schafft
Die Leidenskraft
Das Alte birgt das Neue

Ich gehe
Ich bleibe
Mit auflösendem Leibe
Der Tod im Genick
Mit leisem Geschick
Sag alles wie ich es meine

Ich lebe
Ich liebe
Im Tal der dreisten Diebe
Sie stehlen mein Herz
Hinterlassen den Schmerz
Im Land der unerfüllten Triebe

Das kleine Mädchen

Ein Mädchen zart und noch recht klein
Lief nächtens durch den tiefen Wald
Lieblich Gemüt, das Herz so rein
Kaum fünfzehn zarte Jahre alt

Tief im dunklen, feuchten Moor
Trat aus dem dichten Unterholz
Ein schwerer großer Mann hervor
Das kleine Herzchen frierend schmolz

Das Mädchen bat mit zarter Stimme
Lass mich bitte weiter ziehen
Ich muss nun schnell nach Hause eilen
Und mich in mein Bettchen fliehen

Zuerst will ich Deine Unschuld haben
Bist ein hübsches kleines Kind
Mich so gerne an Dir laben
Komm in meinen Arm geschwind

Das Mädchen gar so sehr verängstigt
Greift tief in ihre grüne Tasche
Und zieht heraus mit Schnaps gefüllt
eine schöne goldene Flasche

Magst Du erst ein Schlückchen trinken
Bevor Du Dich so grob mir näherst
Der Schnaps will warm ins Blut versinken
Danach Du meinen Leib begehrst

Der Mann kann nun sein Glück kaum
fassen
Das Angebot reizt ihn doch sehr
Bekommt die Flasche schnell zu fassen
Trinkt sie in einem Zuge leer

Ihm wird es warm ums kalte Herze
Doch im Kopf dreht sich die Welt
Seufzt ein letztes Mal im Schmerze
Bevor er tot zusammenfällt

Das Gift zeigt schnell erhoffte Wirkung
Keiner konnte widerstehen
Wie all die vorhergehenden Männer
Die keiner mehr lebend hat gesehen

Sie holt heraus das scharfe Messer
Entfernt gekonnt das rechte Ohr
Mit Gesang geht Schneiden besser
Die Vögel pfeifen froh im Chor

Zuhause in dem Schlafgemache
Reiht sie nun des Mannes Ohr
In die reiche Trophäensammlung
Eingefügt zum Schmuckdekor

Zufrieden füllt das kleine Mädchen
Die Schnapsflasche erneut mit Gift
Begibt sich in den dunklen Walde
Wo sie das nächste Opfer trifft

Umarmung

Kannst Du erwägen
Dich zu erbarmen
Mich einmal innig zu umarmen

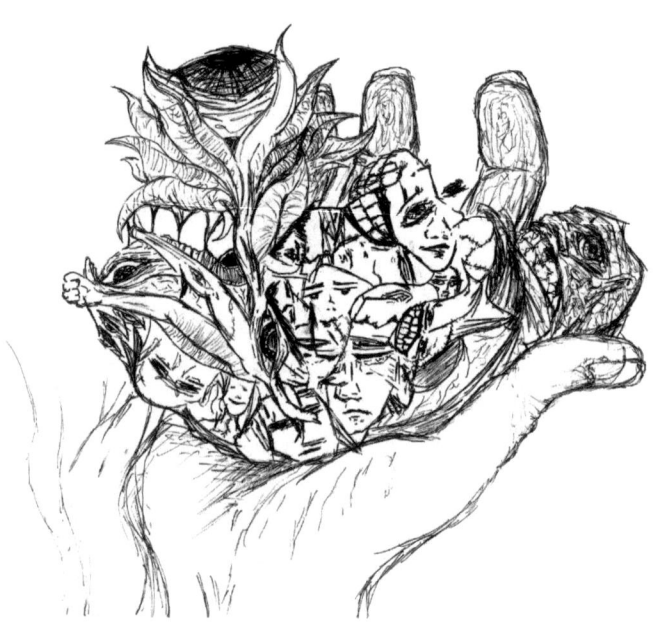

Meer aus Tränen

Salzig, ein Meer aus Tränen
Warm, auf feuchter Haut
Wissend, will ich es erwähnen
Du hast mir blind vertraut

Stolz, erhobenen Hauptes
Wachsam, aber nicht achtsam
Naiv, bin ich stets geblieben
Und dies war nicht ratsam

Betrug, der Schein trügt nie
Verzug, Vollzug in Gefahr
Distanz, Du bist mir fern
Ich wär Dir gerne nah

Leise, geh ich ins Gebet
Frieden, eine Taube im Schoß
Wasser, ist eine Kraft
Die Hoffnung treibt zum Floß

Tränen fließen
Wünsche sprießen
Sich gleißend in die Hand ergießen

Viel

Viel, ich will viel
Ich bin noch nicht bereit
Möchte auch zu keiner Zeit
Die selbstlose Bescheidenheit

Viel, viel mehr Spiel
Das Rad dreht sich im Handumdrehen
Schwarz oder Rot, wir werden sehen
Wo der Ball gedenkt zu stehen

Viel, viel mehr Lust
Die nackte Haut lädt ein zum Küssen
Werde mich an Dir vermissen
Ein weiteres Mal derart verschlissen

Viel, viel mehr Halt
Ein Fels in Deiner Brandung steht
Sich die Erde um uns dreht
Und lauschen, wie die Zeit vergeht

Viel, viel mehr Wut
Dem Sieg zum Trotz mit Eigensinn
Stets vom Ende zum Beginn
Streb ich zu der Lösung hin

Viel, wir wollen viel
Viel mehr
So sehr
Mein Begehr
Notwehr!

Reichtum

Wer reich an Geld
Der hat den Segen
Nicht in Armut zu vergehn
Doch Missgunst herrscht in dieser Welt
Kann tiefe Freude überstehn

Wer reich an Jahren
Der hat wohl dann
Gesehen viel von dieser Welt
Mit einem Partner
Sich zu paaren
Die Lebensfreude weit erhellt

Wer reich an Freude
Lachend Herz
Der wird die Welt begeistern
Die Freundesschaft
Nimmt Leid und Schmerz
Die Hürden mit Dir meistern

Wer reich bestückt
Im Lendenglück
Der ist gut ausgestattet
Des Weibes Lust
Des Andren Frust
Im Stundentakt begattet

Wer reich an Zeit
Dem wird der Tag
Nie Langeweil zur Last
Verbringt die Stund
Wie er es mag
Abseits jeder Hast

Wer reich belohnt
Sich selbst zum Glück
Den Tag sich zu versüßen
Der himmlisch thront
Geht Stück für Stück
Die Welt liegt ihm zu Füßen

Reich sein
Dasein
Arm sein
Armselig
Aber selig

Die richtige Zeit

Zeit zum Aufstehen
Zeit zu gehn
Zeit um in das Land zu sehn

Zeit zum Packen
Zeit zur Fahrt
Zeit die bleibt
Bleibt uns erspart

Zeit zum Wandern
Zeit zur Rast
Zeit die bleibt
Die Du nicht hast

Zeit zur Stille
Zeit für Mut
Zeit ein hohes Freiheitsgut

Zeit zum Verweilen
Zeit zur Ruh
Zeit schließt uns die Augen zu

Zeit zu verlassen
Zeit zu gehn
Zeit zum Nimmerwiedersehen

Ein Hoch auf die Zeit
Die bleibt

Alchemie

Alchemestry Basics for Begin[ners]
Basic page for The Basics an important
Rules to get the first transmutatio[n]
working More Books found in mey [...]

<u>Wat is alchemy?:</u>

Alchemestry Builds
on the princip
to deconstructing
an Object back of it's materials
and reconstructing it in
another form.

Materials
stay the same.
...le to repair something
Back into an another.

To transmutate
something its always
a Transmutation Circle.

Wit alcemy you... get
something without paying
the same amount Back
(who i lost my left arm (not broken))

Is <u>Not</u> Magic its just Science!
... Myth about a
... Stone if told h...

The Symbol
Should be ...
the Basics
a new me...

Soul(Bound) Amor

An Amor. Living amor
that passed by an soul
cast ... the world
Some Murders were bound
to Amor. That were some
experiments in the Fifth
holofaty. A soul bound
were other experiments
were done like
creating the philosophers Stone.

The price payed four the Soul of my Brother
was my left arm the circle is written with
my own Blood.

Blood Circle

the blood circle is
somewhere that
using a soul ...
if the circ...
be written...
the ...
wri...

Used to ...
Securit...
place...

Homunculus

Homunculus or very dangerous about you even think about it! so stay safe and don't broke!

Homunculus

Symbol
The symbol can be found on everyones Homunculus body will be painted

Humunculus can use alchemy but they can do spiritual transmutation on their bodys but only in one form because they eat everything and change themself of their meter.

Humunculus by breaking a transmutation some people reviled a lote tried to revive with Alchem cost of an roul it just you the re human body soul. A Homun the Humunculu Alchemie, but th is to be an human no the they ofter use humans th create a philosopher stone. Beca they can become human with this

Black things in the gate

Black little things and they can become Homunculus **Hand** that can probfally a Bongarona is kind of an Homunculus in baby flash they on many are really strong

mouth houghting m ath they de or h with sound

Eye(Red)

FAKE PHILOSOPHERS STO

Like essense of an Homunculus you can solving Red water to get this stone but with out red water is very dangerous for a humans life u ll get ill from it from with many red stone its possible to

Nicht

Ich schreibe ein Gedicht an mich
Das Dir sagt ich brauche Dich
Nicht

Am Klavier der Ton erklingt
Meine Stimme leise singt
Nicht laut

Du liebst so gern eine Sonate
Komponiere dennoch die Ballade
Nicht willentlich

Im Takt der Rhythmus laut erklingt
Wenn die Lende rhythmisch schwingt
Nicht elegant

Du lauschst dem Lied mit voller Inbrunst
Verschmähst es dennoch voller Missgunst
Nicht freundlich

Dein begrenzter Intellekt
Sich gerne hinter Kunst versteckt
Nicht klug

Die Lyrik schweigt in leiser Muse
Ich wink Dir zu mit Gott zum Gruße
Nicht zurück

Das Lied ist aus
Der Raum ist still
Dich immer, ewig lieben will
Nicht

Spielchen

Rein und raus, und raus und rein
Ein Spielchen ohne Durchfahrtsschein
Einbahnstraße bald zu Ende
Im Tunnel noch die feuchte Wende

Der große Zug so stark und fein
Fährt tiefer in den Tunnel ein
Bis er ganz verschwinden soll
Der Zug in Schwung, die Mündung voll

Im Vorwärts- und im Rückwärtsgange
Vibriert die dicke Eisenstange
Zittert voller Spannungsfreude
Wittert just die fette Beute

Der Rhythmus steigt, Zylinder stampfen
Des Kessels Lok beginnt zu dampfen
Möcht bald platzen, möcht bald schreien
Sich von seinem Druck befreien

Dann endlich die Erlösung hier
Das Sprudeln wird zur wilden Gier
Der Tunnel läuft im Abschnitt voll
Der Zug steht still, wie er es soll

Das Spielchen ist doch sehr geglückt
Lokführer und auch Gast verzückt
Bereitschaft zeigt auf seine Weise
Ein jeder für die neue Reise

Nah bei Dir

So nah, so nah
Und doch so fern
Wir leben auf dem gleichen Stern
Doch trennen uns Lichtjahre dort
Wo Du verweilst, am fernen Ort

Ein blasser Schatten, trüber Traum
Verknüpft jedoch durch Zeit und Raum
Im Äther durch den Geist verbunden
Auch wenn die Physis längst
verschwunden

Die Gedanken, ach so frei
Ich wünsche Dich so sehr herbei
Zwei Seelen sich im Ring vereinen
Bin ich mit Dir und mir im Reinen

Kannst Du mich sehen, mich auch fühlen
Siehst Du mich mein Ich zerwühlen
So verzehre ich mich weiter
Ein Abstieg auf der Seelenleiter

Der Trost kommt erst zur fernen Stunde
Ein leiser Ruf aus Deinem Munde
Dem folge ich auch bis zum Ende
Hoffend auf erhoffte Wende

Nun da der Tag gekommen ist
Den ich habe sehr vermisst
Kommt es anders als man meint
Anders als es vorher scheint

Du stehst vor mir in voller Pracht
Warte bis mein Herz erwacht
Doch es verweilt in stiller Ruh
Das Aug ist auf, das Herz ist zu

Was der Kopf jetzt erst begreift
Die Wahrheit vollends in mir reift
Nah zu sein im Herz bei mir
Mag schöner sein als nah bei Dir

Der Tau

Der Morgen legt sich übers Land
Wie ein weich geknüpftes Tuch
Der nasse Tau in meiner Hand
Verödet sanft das Bittgesuch

Die Sonne leistet ihren Dienst
So es mir immerwährend deucht
Die Wiese langsam trocknen will
Nur Du wirst unaufhörlich feucht

Mund

In Deinem Mund ich sanft versunken
Die Zunge feucht zum Gruß gewunken

Nach einem Kuss
Ist alles Schluss

Hell verglüht in grellem Licht
Der Liebesfunken

Der Praktikant

Die Anleitung fest in der Hand
Sitzt er da, der Praktikant
Mit wissenschaftlichem Bestreben
Zu meistern bald sein Liebesleben

Akribie und Lerndrang drängt
Der Schüler hat es lang verschenkt
Nicht nur durch Gelerntes hetzen
Soll Praxis dies nun bald ersetzen

Er widmet sich zuerst dem Wahren
Bekannt als Akt des Missionaren
Der oben auf dem Weibe liegt
Die Dame sich von unten schmiegt

Doch auch Fellatio scheint verlockend
Kniend vor dem Manne hockend
Die Lust kann bis zum Hochpunkt
sprießen
Im Munde sich vollends ergießen

Möcht man das Gesicht nicht sehn
Kann sie sich nach hinten drehn
Beide findens rücklings geil
Bekannt auch unter Doggy Style

Steigt die Frau nun voller Schweiß
Auf des Mannes harten Steiß
Die Cowgirl Stellung lädt nun ein
Dem Mann die Reiterin zu sein

So blättert lang der Praktikant
Mit seinem Gliedmaß in der Hand
Durch das Buch mit Liebesbilder
Und zahlreichen Erklärungsschilder

Ihm deucht der Akt ist sehr komplex
Verblasst die Illusion vom Sex
Erkenntnisse die dominieren
Nichts ist so schön wie Onanieren

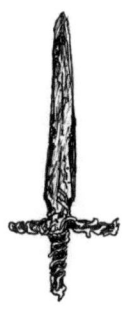

Schneehase

Neulich fing ich mir ein Häschen
Zart von Statur und noch recht klein
Hab es hastig festgebunden
Und sperr es nachts auch gerne ein

Weiches Fell und große Ohren
Davon bin ich sehr entzückt
Regt sich dann das Stummelschwänzchen
Hab's mit meiner Lust erdrückt

Liebte Schnee, weich oder hart
Kam dadurch so recht in Fahrt
Ein richtig schöner Schneehase
Schniefte Schnee gern durch die Nase

Fleischeslust

Fischkroketten, Fleischbuletten
Aufgespießt auf Bajonetten
Gesichert auf der Fleisches Reise
Durch intakte Transportkühlketten

Tiefgefroren, frisch vergoren
Überwacht mit Heizsensoren
Verfallsdatum der Leibesspeise
Niemals an Geschmack verloren

Brot, nur zur Not
Spinat, Geschmacksakrobat
Tomaten, davon abzuraten
Vitamine, aber aus Gelatine

So lecker doch die bunte Welt
Essen was schmeckt und gefällt
Cholesterin ist null und nichtig
Gesundheit ist dabei nicht wichtig

Daher die Mahnung, vergiss es nie
Trotz Nahrungsmittelindustrie
Das Du bist
Was Du isst
Ein ach so menschlich Massenvieh

Nackt

Ich stehe nackt vor Deiner Tür
Ringe im Inneren mit mir
Pack die Gelegenheit beim Schopfe
Ganz laut an Deine Türe klopfe

Nach wenigen Sekunden dann
Ein leises Öffnen hören kann
Auch Du stehst nackt im Lichte dort
Ich dreh mich um und gehe fort

Du weinst mir keine Träne nach
Und gehst zurück ins Schlafgemach
Ich bin die ganze Nacht noch wach
Und spring dann nackt vom Häuserdach

Love

Love is in the air
Die Liebe wiegt zehn Kilo schwer
Das Atmen schmerzt die Brust so sehr
Love is in the air

Love is everywhere
Tanz in rhythmischem Flair
Setzen uns schiefen Tönen zur Wehr
Love is everywhere

Love is all around
Trotz Verluste dennoch wohlgelaunt
Hoffnung auf Neustart anberaumt
Love is all around

Love is Life
Die Zeit ist für den Anbruch reif
Am Himmel ein leuchtend Feuerschweif
Love is Life

Love is everything
Auf ewig ein rätselhaftes Ding

Die Meute

Ich trinke nicht wenn andre trinken
Ich singe nicht wenn andre singen
Ich lache nicht wenn andre lachen
Keine Lust um Quatsch zu machen

So gelangweilt von der Meute
Die Abneigung tief in mir hab
Was ich sehe, wenn ich Euch schaue
Ist ein großes Massengrab

Dann geh ich lieber wieder heim
Und schließ ins Einzelgrab mich ein

Verlassen

Ich kann mich sehr auf Dich verlassen
Wenn alles schief geht
Muss ich passen
Am Ende soll die Lösung sein
Lösen Probleme nur zum Schein

Wer mir vertraut der ist verlassen
Kann mich abgrundtief gern hassen
Ich kann kein Teil der Lösung bieten
Und keinen Plan zu Ende schmieden

Wir verlassen uns nun auf den Schluss
Am Ende alles enden muss
Ohne Plan und ohne Ziel
Wir gehen unter
Im großen Stil

Der Lustmolch

Abends schleicht er in den Park
Um sich in Büschen zu verstecken
Seinem liebsten Hobby fröhnt
Junge Frauen zu erschrecken

Es nähert sich ein schönes Fräulein
Tadellos mit gutem Ruf
Der Lustmolch springt ins Licht des
Mondscheins
Ganz entblößt wie Gott ihn schuf

Das Mädchen hielt vor Schreck erst inne
Schaut an den Mann von Kopf bis Fuß
Bis nach einer langen Stille
Sie schallend und laut lachen muss

Der Lustmolch rennt nun schnell von
dannen
Und hastig flink nach Hause springt
Das Fräulein immer noch belustigt
Ihr Lachen schallend lang erklingt

Als die Türe laut ins Schloss fällt
Der Lustmolch nunmehr
Schmollt und greint
Während das Mädchen lachend umfällt
Er leise in sein Kissen weint

Kopfüber

Das Äuglein kann die Welt erblicken
Es dient als Tor zur Innenwelt
Den Anschein früh im Keim ersticken
Der Sonnenstrahl ins Auge fällt

Das Lid es öffnet sich zum Tor
Dem Trug das allergrößte Gift
Durch des Linses Strahlenchor
Kopfüber auf die Netzhaut trifft

Erkenn daher die Wirklichkeit
Der Anschein nun gerade geht
Dass die Welt zu jeder Zeit
In Wahrheit auf dem Kopfe steht

Fernsehen

Statt in die Ferne still zu sehen
Gedanken fließend treiben lassen
Schauen wir doch gerne fern
Um keine Neuigkeiten zu verpassen

Wir schalten hin und schalten her
Der Kosmos in der eignen Hand
Die Finger spielen das Klavier
Auch als Fernbedienung bekannt

Es flimmert hell, es rieselt leise
Nervenknoten im Ballett
Tanzen schnell auf ihre Weise
Endorphin im Himmelbett

Die Welt daheim strahlt herrlich bunt
Die Parallelwelt glänzt so schön
Wir sitzen das Gesäß uns wund
Um endlich wieder fern zu sehn

blut | band

Wie der Vater
Nie so der Sohn

Des einen Freud
Des andren Lohn

Getrennt und dennoch
Hand in Hand

Ewig vereint
Durch ein Blutband

Schweinerei

Es grunzt, es furzt, es rülpst, es kaut
Das Schwein gilt als extrem versaut
Wie es sich so im Scheissdreck suhlt
Im Schlamm vermatscht nach Futter puhlt

Es scheint ein Tier der niedren Sorte
Ein Schwein im engren Sinn der Worte
Die einzig Ehr ihm zu erweisen
Ist es gebraten zu verspeisen

Der Mensch jeher von edler Natur
Von niedren Instinkten keine Spur
So meint er selbst denn herrschen muss
Über Lebewesen in Land und Fluss

Doch bei genauerer Betrachtung
Schwindet etwas von der Achtung
Wenn man auf den Prüfstand stellt
Seinen Umgang mit der Welt

Kriege, Folter und Versklavung
Umweltzerstörung und Bestrafung
Die Welt schon bald am Abgrund steht
Ohne Gleichgewicht sich weiterdreht

Die Frage stellt sich, wer ist nun schlau
Der Mensch oder die arme Sau
Regiert die Erde nur zum Schein
Der Mensch ist doch das dumme Schwein

Advent

Advent, Advent
Ein Lichtlein brennt
Im trauten Heim
In kleiner Runde
Familie froh am Tisch vereint
Es brennt das Licht
Und auch die Herzen
Der Kranz in hellem Glanze scheint

Advent, Advent
Das Tischtuch brennt
Voll Ungeschick
Und linker Hände
Die Kerze fällt heiß auf den Tisch
Es war das Kind
Es schreit der Vater
Die Flammen greifen schnell um sich

Advent, Advent
Die Wohnung brennt
Es hilft kein Wedeln
Und kein Pusten
Die Flammen nehmen überhand
Alle fliehen
Aus der Wohnung
Das Mobiliar schon ganz verbrannt

Advent, Advent
Das Häuslein brennt
Das Feuer lodert
Bis aufs Dach
Bewohner konnten alle fliehen
Bis auf Herrn Stumpf
Der alte Greis
Vermocht sich dem Rollstuhl nicht zu
entziehen

Die Kinder stehen vor dem Haus
Und schauen hold den Flammen zu
Die Eltern starren voller Graus
Vom Greis bleibt nur ein alter Schuh

Die Flammen leuchten in der Nacht
Die Feuerwehr ums Häuschen rennt
Die Kinder singen voller Inbrunst

Advent, Advent
Ein Häuslein brennt

Der letzte Schritt

Das Ende ist in Sicht
Doch weiter geht es nicht
Das letzte Stück
Bleibt unverrückt
Das Ass die Dame sticht

Es ist nun nicht mehr weit
Am Ende ruht die Zeit
Die Zeiger stehen
Stunden vergehen
Es tut uns so viel leid

Wir bereuen viel
Beenden es mit Stil
Der Blick zurück
Nur noch ein Stück
Bis zum finalen Ziel

Der Kopf erhoben
Den Blick gesenkt
Nerven verloren
Das Herz verschenkt

Ein letzter Schritt
Es ist soweit
Für das Ende ganz bereit

Fragen

Warum, weshalb, wieso, woher
Der Mund gefüllt
Die Augen leer

Weshalb, wieso, woher, warum
Der Geist schreit laut
Das Herz bleibt stumm

Woher, warum, weshalb, wieso
Ich bin traurig
Du bist nicht froh

Wieso, woher, warum, weshalb
Ihr seid die Herde
Ich das Kalb

Fragen über Fragen
Was ich nicht weiß
Kannst Du nicht sagen

Der Clown

Jeden Abend um halb acht
Das Zirkuszelt im Licht erwacht
Löwen, Pferde, Akrobaten
Im Eingang wachen Zinnsoldaten

In Wagen 5 schminkt sich der Clown
Ein farbenfroher Kindertraum
Der jeden Tag für wenig Geld
Die Kinderschar in Atem hält

Er ist das Highlight jeder Show
Macht Kleine und auch Große froh
Mit Faxen, Witzen oder Scherzen
Erobert er im Sturm die Herzen

Was niemand weiß oder vermutet
Tief im Clown das Herze blutet
Jede Nacht im Zirkuszelt
Entflieht er in die bunte Welt

Der Vater war schon einst Jongleur
Attraktiv auch als Charmeur
Der die Frau fürs Leben fand
Die beste Akrobatin im ganzen Land

Die Liebe hielt nur leider kurz
Denn nach einem heiklen Sturz
Die Mutter in die Tiefe fiel
Ein Akrobatentod mit Stil

Der Vater konnt dies nicht verwinden
Wollte aus der Welt entschwinden
Begab sich nachts ins Löwengehege
In Schmerz auf seinem letzten Wege

Seitdem das Kind ward ganz allein
Ein Clown wollt er schon immer sein
Nur Frohsinn für das Publikum
Das eigen Herz in Trauer stumm

So geht es nun seit vielen Jahren
Das Leiden tief im Herz bewahren
Um die Trauer zu vergessen
Von Drogen hart der Geist zerfressen

Ein Clown ganz tief im Herz verletzt
Sich Tag für Tag die Spritze setzt
Mit den Kindern fröhlich lacht
Wenn Heroin im Blut erwacht

So lebt der Clown im Zirkuszelt
In seiner eignen Drogenwelt
Verdrängt den Schmerz im bunten Licht
Nur fröhlich wird der Clown wohl nicht

Der Wagen 5, ein trister Ort
Weht alle Hoffnung jäh hinfort
Ein Clown der immer lächeln muss
Sehnt sich nach dem goldnen Schuss

Trost

Es bleibt getrost ein wenig Hoffnung
Wir leuchten hell auch in der Nacht
Das Rad des Schicksals in vollem Schwung
Die lange Nacht im Tag erwacht

Wir trösten uns mit der Erkenntnis
Alles ist wohl stets im Fluss
Verlieren uns in Unverständnis
Und trösten und mit dem Verdruss

Trost ist was uns wirklich tröstet
Erkenntnis unsren Geist liebkost
Laufen weiter in den Abgrund
Suchen Hoffnung in dem Trost

Immer mehr

Mehr Pfui als Hui
Mehr Schein als Sein
Mehr Hü als Hott
Mehr Glanz als Schrott

Mehr Unten als Oben
Mehr Tadeln als Loben
Mehr Vor als Zurück
Mehr Ganzes als Stück

Mehr Hölle als Himmel
Mehr Rappen als Schimmel
Mehr Katze als Hund
Mehr Ohren als Mund

Mehr Trocken als Nass
Mehr Trauer als Spaß
Mehr Sterben als Leben
Mehr Nehmen als Geben

Wir wollen immer nur noch mehr
Dies geben wir nun nie mehr her
Alle freuen sich so sehr
Und schreien
Mehr, mehr, mehr, mehr, mehr

Gegenströmung

Ich schwimme weder Kraul noch Brust
Auch Rücken ohne große Lust

Den Schmetterling kann ich nicht leiden
Und mag auf keiner Welle reiten

Doch in einem bin ich gut
Erfordert zudem Kraft und Mut

Den eignen Berge zu erklimmen
Stets gegen jeden Strom zu schwimmen

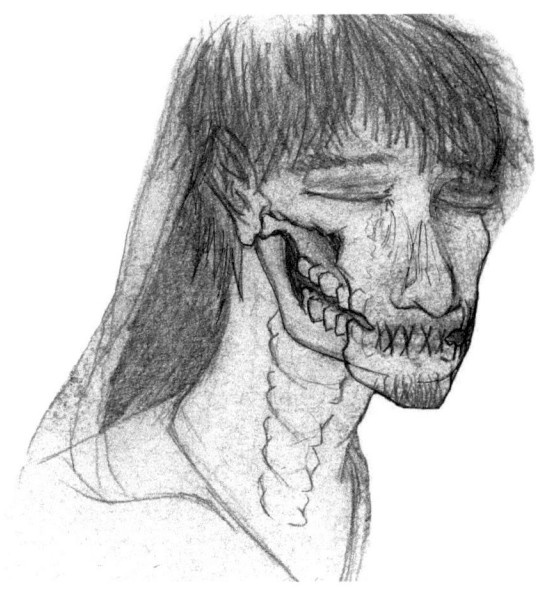

Der Rausch

Ruhe sanft im Bettchen still
Da ich mit Dir schlafen will
Die Äuglein zu, die Schenkel offen
Entschlafen bist Du ganz besoffen

Verträgst kein Schnaps und auch kein Wein
Im Rausch zu weit zusammen sein
Wenn sich Absinth mit Blut vermischt
Bewusstsein in dem Glas erlischt

Das Herz ist voll, die Flasche leer
Begehre Deinen Leib gar sehr
Dein Körper kann sich kaum noch regen
Mich sanft auf deine Hüfte legen

Der Sekt steht kalt, Flasche entkorkt
Mit Inbrunst hab ich's Dir besorgt
Du lagst nur reglos wie ein Stein
Der Korkenzieher drang tief hinein

Am nächsten Tag zugleich verschämt
Doch Du hast Dich famos gegrämt
Keine Erinnerung verbleibt
Wenn man's einmal richtig treibt

Urlaub im Grünen

Ein Urlaub auf dem grünen Land
Hilft dem gestressten Stadtbewohner
Dies liegt doch auf der grünen Hand
Dient als beruhigend Nervenschoner

So begibt sich das gestresste Volk
Am Wochenend auf graue Straßen
Um sich vom Berufserfolg
Erholen dann in hohen Maßen

Der Bauernhof lädt gerne ein
Dem Alltag zu entfliehen
Das gestresste Stadtvolk dann
Sich ruhig zurück zu ziehen

Die Hoffnung ruht in ländlicher Idylle
Sich einmal richtig auszuschlafen
Entspannen im Geruch von Gülle
Unter Kühen, Hühnern, Schafen

Doch unerwartet war ein Faktor
Des lieblichen Erholungswahns
Gar störend es den Gast belästigt
Der Morgenruf des stolzen Hahns

Kaum lugt die Sonne aus dem Felde
Der Morgen setzt die Strahlen frei
Beginnt der Hahn aus voller Kehle
Sein morgendliches Weckgeschrei

Das findet der entnervte Gast nicht lustig
Wenn auch der Himmel noch so blau
Stapft ins Haus genervt und frustig
Beschwert sich bei der Bauersfrau

Diese ist doch sehr in Sorge
Dass Gäste flüchten aus dem Haus
Fürchtet um des guten Lohnes
Verlust der Einkunft ihr ein Graus

Mit Axt bewaffnet und verzweifelt
Die Bauersfrau zur Tat es ruft
Mit einem Hieb des scharfen Beiles
Den Hahn in Größe abgestuft

Auch der Verlust des Hahns hat Folgen
Die Hennen sind nicht sehr entzückt
Nun keine Manneskraft im Stalle
Der sie jede Nacht beglückt

Zum Proteste sie nun schreien
Jeden Morgen zum ersten Strahl
Die Gäste drohen zu verschwinden
Der Bauersfrau bleibt keine Wahl

Ein neuer Hahn muss schleunigst kommen
Der liebestollen Schar zum Glück
Und das Schreien unterbinden
Bringt Ruhe auf dem Hof zurück

Um Schlimmeres zu unterbinden
Zur Sicherung des Gastes Ruh
Die Bauersfrau nimmt Garn und Faden
Und bindet dem Hahn den Schnabel zu

Als die ersten Sonnenstrahlen
Bereiten sich zur Wiederkehr
Kein Schrei des Hahns weckt die Gäste
Nur den Hennen fehlt es sehr

Offenheit

Offenheit, die oft befreit
Sorgt manchmal für Betroffenheit

Die fremde Wut, der eigne Mut
Führt auch mal zur Verlogenheit

Das klare Wort, es trägt hinfort
Kleinheit und Verlegenheit

Wahrheit wiegt, Tränen versiegt
Die offene Begebenheit

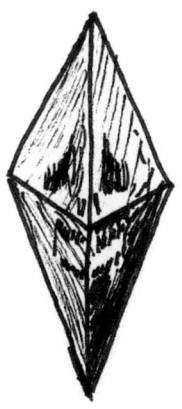

Die Lauwarmen

Die im Gleichschritt gern marschieren
Kontrovers nie diskutieren
Mit Stolz die gleiche Welle reiten
Fremde Pfade scheu beschreiten
Zuwider sind mir solche Leute
Gestern schon und noch mehr heute

Wer sich der eignen Ansicht schämt
Aus Angst ein Mitmensch sei vergrämt
Sich für andere stets verbiegt
Und sorgsam jedes Wort abwiegt
Zuwider sind mir solch Genossen
Jeder Sympathie verflossen

Wer mit der Masse fleißig fließt
Als Tropfen sich im Meer ergießt
Gerne unter Vielen weilt
Zu jedem bunten Feste eilt
Zuwider ist mir doch ein jeder
Vom Wind getragen wie die Feder

Selbst Jesus wusste es beizeiten
die Lauwarmen zu vermeiden
Berichten weiß die alte Kunde
Ausspeien sollst sie aus dem Munde

Wir preisen die Individuellen
Lass Lauwarme am Kliff zerschellen
Menschen die den Fortschritt lieben
Nie im lauen Tal geblieben

Der Versuch

Du hattest nichts zu mir gesagt
Drum habe ich mich vorgewagt

Ein Plädoyer für falsche Treue
Den Vorstoß jetzt zutiefst bereue

Deine Haut

Deine Haut so zart und weich
In Dir blüht das Himmelreich
Duftet lieblich, bin betrüblich
Taste mich blind vor zugleich

Du magst es nicht,
Erzürntes Gesicht
Will Dich doch nur zart berühren
Ohne Dich gleich zu verführen

Du packst mein Herz
Mich packt der Schmerz
Laut bettle und erfrag
In Deiner Haut ich stecken mag

Glück

Des Glückes Schmied ist jedermann
So sagt der Volksmund unbedarft
Ein jeder grad so wie er kann
Bis eine Lüge dies entlarvt

Die Hybris ist ein scharfes Schwert
Die bis ins eigen Fleisch sich schneidet
Und wandelt man gar unbeschwert
Bis dass man doch ein Pech erleidet

Man mag sich mühen, mag wild toben
Beflissenheit ist ein zahmes Tier
Kann sich rühmen und auch loben
Erfolg wird schnell zur reinen Gier

Wenn das Schicksal sich erhebet
Und den Wink der Wahrheit sendet
Ahnend, es regt sich die Kraft
Nicht die Lust an Dich verschwendet

Das Leid ist nah, die Freud verödet
Es gleitet leicht aus eigen Hand
Auch wenn der Wille stets gewesen
Des Lebens festes Schicksalsband

Der Wille wird am End zur Demut
Jeder in sein Ende sieht
Dann erst leuchtet die Erkenntnis
Niemand ist seines Glückes Schmied

Träume

Ein Schattenreich
An Schatten reich
Im Hades ruht ein Todesreich
Dem Himmel fern
Der helle Stern
Ist Finsternis und Licht zugleich

Der tiefe Traum
Ein dunkler Raum
Verlust ersetzt die Hoffnung kaum
Er endet leise
Auf seine Weise
Und aus dem Samen sprießt ein Baum

Der kleine Tod kennt keine Not
Der Fährmann steuert sanft sein Boot
Ans Ufer gekettet
Ins Dunkel gerettet
Die Abendsonne leuchtet rot

So gleiten wir leise
Auf unserer Reise
Ein jeder entschläft auf seine Weise
Im Traum der Zeit
Die Herzen weit
Vom Kindlein bis zum Greise

Der Camper

Der Mensch der ist ein lustig Wesen
Hat so seine Eigenart
Mancher mag es sehr erlesen
Der andre stöhnt in voller Fahrt

Eng gezüchtet in Parzellen
Der Laufstall früh domestiziert
Gleicht einsamen Gefängniszellen
Das Raumgefühl vordefiniert

Die Schule zwingt in kleine Räume
An Tischen eng an eng gepresst
Wie zu nah gepflanzte Bäume
Das freie Kind sehr wohl gestresst

Wenn der Mensch dann endlich groß ist
Nimmt das Schicksal seinen Lauf
Ob im Büro oder der Wohnung
Beengtheit nimmt man gern in Kauf

So zieht es sich nun durch das Leben
Eingepfercht in irgendwas
Das hochgelobte Freiheitsstreben
Wird bei genauer Sicht zur Farce

Nun gibt es eine Zeit im Jahre
Die Chance er dem Zwang entflieht
Wenn er dann in Urlaub fahre
Den Käfig er am Auto zieht

Enger noch als das Zuhause
Der Camper wird zum Hasenstall
Was dem Freidenker ein Grause
Der letzten Freiheit droht Zerfall

Angekommen an den Zielen
Die Parzelle steht bereit
Die Wohnbox reiht sich ein zu Vielen
Die herrlich enge Urlaubszeit

Und dann endet eines Tages
Das Leben noch im engen Sarg
An einer kleinen Grabesstätte
Gleich dem Urlaubscamper-Park

Analog dem äußren Dasein
Der Rückschluss sei mir doch erlaubt
Nicht jeder mag von Enge frei sein
Des Geistes Phantasie beraubt

So schau ich mir verdutzt das Treiben
Auf den engen Straßen an
Ich möchte gerne anders bleiben
Weit und offen ohne Plan

Olymp

Auf dem Olymp hoch oben thront
Zeus mit seinen Göttern wohnt

Das Herrschen manche Not entfacht
Die Götter mächtig hungrig macht

Poseidon, Ares und Demeter
Verzehren sich nach Wackelpeter

Apollon, Hermes und Athene
Begehren lieber Schokocreme

Der Göttervater ahnt recht still
Was Hera auf dem Teller will

Daher befielt er dem Olymp leise
Heute gibt es Götterspeise

Glück im Unglück

Flug verpasst
Gate schon geschlossen

War besser so

Flugzeug wurde
Abgeschossen

Der Bergsteiger

Der Wanderer übersah den Stein
Fiel über ihn und brach ein Bein
Die Hüfte und die Rippen auch
Der Wanderstock steckt tief im Bauch

Die Wanderlust ihm nun vergangen
Muss ängstlich um das Leben bangen
Statt den Gipfel zu besiegen
Vergrämt im Krankenbette liegen

Doch nach zwei verzagten Jahren
Konnt er wieder Kräfte sparen
Um den Berg neu zu erklimmen
Sich auf den Gipfel einzustimmen

Wieder lag da dieser Stein
Und wie kann es anders sein
Mit erneutem Ungeschick
Brach er diesmal das Genick

Leer

Manche mögen Menschen sehr
Ich mag es lieber menschenleer
Mag kein Schwätzen und kein Quasseln
Laut verbal mit Säbeln rasseln

Mag nicht Geschnatter oder Gerüchte
Bei solch Gesprächen gerne flüchte
Manche mögen Menschen sehr
Wenn sie auch im Kopfe leer

Bescheidenheit ist keine Zier
Beim ach so menschlich Herdentier
Um so wirklich Ich zu sein
Bin ich meistens gern allein

Und große Räume schätz ich sehr
Doch nur ganz leer

Falscher Fang

Ein Mädchen stand am Meeresrand
Mit einer Angel in der Hand

Warf mit dem Wurm die Angel aus
Zog einen hübschen Bub heraus

Sie rief
„Ich dachte Du wärst ein Fisch
Gehörst jetzt mir
Heirate mich"

Der Bub haderte gar sehr
Da warf sie ihn zurück ins Meer

Mutter Erde

Ein seltsam Tier der Mensch doch ist
Gleicht keinem andren Wesen
Die Evolution hat ihn geformt
Ist klug, gesprächig und belesen

Man meint er sei zutiefst erhaben
Über diese Erdenwelt
Doch zum Trotz der andren Spezies
Regiert er wahrlich wie's ihm gefällt

Millionen Jahre in Regentschaft
Erinnerungen fad verblassen
Wie man dennoch deutlich sieht
Ganz tiefe Spuren hinterlassen

Die Erde fast am Abgrund steht
Der Kollaps ist vorherzusehen
Immer schwieriger es wird
Das Lebensrad zurück zu drehen

Doch nicht die Erde in Gefahr ist
Einen Zukunftspfad sich stets befindet
Wenn der Zenit weit überschritten
Der Mensch als erstes dann verschwindet

Doch wenn das Übel Mensch dann fort ist
Die Wende geht denn ihren Lauf
Den Schädling gänzlich auszumerzen
Nimmt die Erde gern in Kauf

Der Tod

Er schleicht heran auf leisen Sohlen
Uns irgendwann nach Haus zu holen
Ob wir dann wollen oder nicht
Das Ende leider nun in Sicht

Dann bricht heran die Zeitenwende
Für das irdisch Lebensende
Er wird uns führen und uns leiten
Den Heimweg leise zu beschreiten

Es nutzt kein Zaudern und kein Wehren
Der Tod wird unsren Leib begehren
Ihn einvernehmen und verschlingen
Den Willen in die Knie zwingen

Vielleicht ist doch der Leib nicht alles
Es bleibt im Falle eines Falles
Ein entscheidend Stück am Leben
Für das es nie ein End wird geben

Kann man nicht riechen oder sehen
Noch begreifen oder verstehen
Doch jede Religion es kennt
Und oftmals dann die Seele nennt

Darin ruht die Hoffnung tief
Wenn der Tod den Körper rief
Wir weiterhin nach vorne streben
Und in der Seele weiterleben

Vielleicht erlischt ein Teil vom Licht
Vergänglich doch in Wahrheit nicht
Trotz die Erinnerung an uns verhallt
Sind wir unendliche Gezeiten alt

Bis zum Ende

Lass uns den Weg gemeinsam gehn
Immer eng zusammen stehn

Wir dürfen aneinander reiben
Die Zeit mit Kleinigkeiten vertreiben

In kleinen Schritten Stück für Stück
Beschreiten wir das kleine Glück

Mein Herz leg ich in Deine Hände
Streben bis zum bitteren Ende

Metamorphose

Schillerndes Kleid in buntem Glanze
Erhaben von des Schönheit Wahn
Verträumt verloren in dem Tanze
Des Schöpfers geheimnisvollen Plan

Lass Dich nieder auf die Rose
Umschmeichelnd sie Dich sanft empfängt
Geboren durch Metamorphose
Die Hässlichkeit im Raum verdrängt

Vergiss nicht wie Du einst erschaffen
Den Inhalt den Du jäh gebarst
Dank göttlicher Schöpfung
Nur eine simple Raupe warst

Ja und Nein

Nie mehr im Leben
Dies schwör ich ständig
Die Lust in mir
Doch gar unbändig
Mich davon zurückzuhalten
Die Triebe einfach abzuschalten

Der Geist sagt Nein
Der Kopf sagt Ja
Ich dräng es weg
Doch es ist da
Will niemals von allein verschwinden
Ich lös es ab
Es mag sich binden

Im Innern ist ein Tier am Zerren
Das Herz es hüpft mir aus dem Mund
Mit Ketten in den Käfig sperren
Den listig fiesen Schweinehund

Es geht voran

Wir gehen bis es nicht mehr geht
Stehen wenn die Zeit stillsteht
Laufen auch wenn nichts mehr läuft
Saufen wenn die Welt absäuft

Wir rennen bis der Tag wegrennt
Schlafend dann die Nacht verpennt
Drehen uns rund um die Welt
Halten inne bis sie hält

Uns hält kein Hindernis mehr auf
Nichts hindert uns an unsrem Lauf
Wir laufen denn soweit wir können
Und können uns keine Pause gönnen

Wer gönnt uns unsre Liebe nicht
Liebe doch ins Herze sticht
Stechen in die wilde Flut
Und fluten Euch mit Sinn und Mut

Immer weiter geht es dann
Wir gehen strammen Schritts voran
Und schreiten weiter bis wir stranden
Am Strand unserer Begierde landen

Gehen, stehen, laufen, schreiten
Es geht voran zu allen Zeiten

Regen

Es plätschert
Nass
Die Pfützen in den Straßen
Tragen Dein Spiegelbild in sich

Das Wasser
Rinnt
Zum Kanaldeckel
Erinnerung versickern im Gulli

Der Regen
Wäscht
Erinnerungen an uns ab
In jedem Tropfen ein Gedanke
An vergangene Tage

Die Flut
Erstarkt
Zum tosenden Tsunami
Und verschlingt alle Hoffnungen
Auf ein erträgliches Ende

Ein Tropfen wird zum Schauer
Schauer zu Regen
Regen zur Flut
Flut zu einem Tsunami
Tsunami zum Ende der Zeit

Schon der Tropfen trägt alles in sich
Vom Anfang bis zum Ende

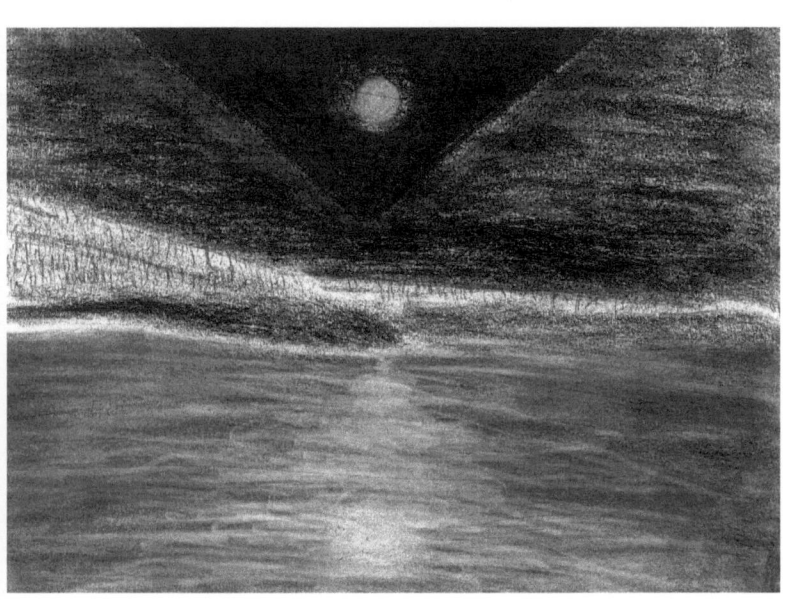

Das Ende

Im letzten Atemzug
Das Ende vollendet sich
Zumindest für den Moment
Die Nacht trägt den neuen Tag
In ihrem Bauch

Was wie ein Ende scheint
Meist als Zwischenstation entpuppt
Bevor es weitergeht
Die Welt sich unaufhaltsam weiterdreht

Mit einem tiefen Atemzug
Begegnen wir der neuen Zeit
Und entlassen beim Ausatmen
Vergangene und flüchtige Gedanken

Sacken kurz in uns zusammen
Um danach wieder aufrecht
In eine ungewisse Zukunft zu schauen
Die niemals jemand gesehen hat

Daher umarmen wir das Ende
Sehnen uns nach dem Einschnitt
Der unweigerlich näher rückt
Durch das Erwachen nach kurzer Nacht

Orientierung zu Beginn
Eines frischen Tages
Suchen nach verwandten Seelen
Nichts verbindet den Anfang
Mit dem Ende

Wir alle sind entstanden
Aus der gleichen Quelle
Und sind verwoben über das Bündnis
Des ewigen Seins

Uns vereint ein Band
Im Fluss der Zeit
Strömung über Äonen
Ein Blutband

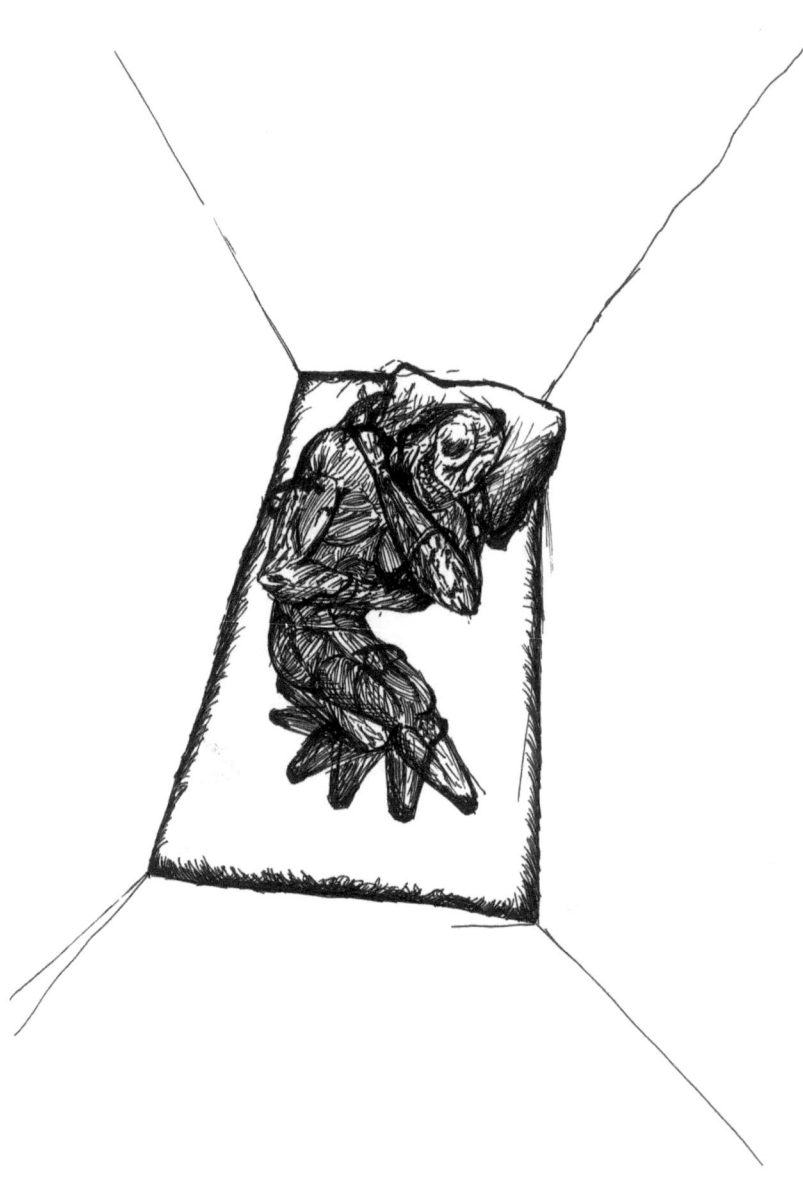

158

Inhaltsverzeichnis

Über die Herausgeber

Der Autor

Marko Hein wurde 1971 in Aschaffenburg geboren. Seit seiner Jugend ist er musikalisch aktiv und veröffentlicht bis heute mit den elektronischen Projekten *Frame of Mind* und *gen-zx* eigene Musikalben. Nach begonnenem Studium der Germanistik und Anglistik ist er beruflich seit 1994 in zahlreichen Führungsposition globaler Unternehmen in der Games-, Spielwaren- und Energiebranche tätig. Er hält seit 2020 einen Executive MBA. Mit seiner Frau Kerstin lebt er seit vielen Jahren in Großostheim. Zusammen haben sie vier Kinder.

Der Illustrator

Vincent Hein wurde 2001 in Aschaffenburg geboren. Er ist der älteste Sohn von Kerstin und Marko Hein und das zweite von vier Kinder. Im Alter von 13 Jahren wurde bei Vincent eine Depression diagnostiziert, die ihn bis zum heutigen Tag begleitet. Seit Kindheit an widmet er sich der Malerei, meist Illustrationen mit Bleistift oder schwarzem Fineliner. Als Inspiration dienten Manga-Comics und Einflüsse asiatischer Kultur. Aktuell beendet er eine Ausbildung zum Elektroniker für Geräte und System in der Nähe von Nürnberg.

168